S.B. Meulak Komguem

Courses folles !

ISBN : 978-9956-0-9816-3

Courses folles !

Editions Tig

Tafam International Group Co Ltd
Bp 152 Bangangte
Téléphone : 00237 693 553 904
E-mail : tig.editions@gmail.com

www.tig-books.com

Aux jeunes de l'Aumônerie Catholique Universitaire de Bangangté

Introduction

Il ne se passe pas un seul jour dans nos villes sans que l'excès de vitesse ne cause des accidents mortels. Ce phénomène est symptomatique de la culture du « Yorobo » : la philosophie de vie contemporaine des jeunes africains qui veulent vite arriver ; c'est-à-dire, vite devenir riches, vite rouler dans des grosses voitures, sur des grosses motos, vite vivre dans des villas, vite goûter aux plaisirs du sexe, de l'alcool de la drogue, vite se sentir rois du monde.

La vie et la mort du créateur du concept de « yorobo » illustrent bien cette philosophie de vie à laquelle une bonne franche de la jeunesse camerounaise s'est abonnée. Cette addiction à la vitesse : cette course folle nous inquiète en tant qu'éducateur de la jeunesse sous la double casquette de prêtre et d'enseignant. Que faire ?

Après avoir traité des questions de drogues, d'alcool et de sexe dans nos précédentes parutions, nous nous fixons pour projet de donner ici une parole de père et d'éducateur à notre jeunesse en proie aux courses folles de notre temps. Nous nous intéresserons à trois phénomènes qui marquent particulièrement l'actualité dans les milieux scolaires et universitaires au Cameroun : la course à l'argent facile, le cas du portemonnaie magique ; les amours démesurées, illustrées par le phénomène du charme ; et les forfaits de la jalousie, illustrés par le phénomène des empoissonnements.

Chapitre I

La course à l'argent facile : le phénomène du portemonnaie magique

La course à l'argent facile qui anime la jeunesse africaine a trouvé un écho favorable chez certains charlatans et gourous de cercles exotériques qui exploitent la naïveté de ces jeunes. Voici en guise d'illustration, la mésaventure de Djikap qui sera suivie de deux méditations sur les richesses.

1- Djikap et le portemonnaie magique

Djikap était un jeune homme issu d'une famille paysanne à qui les parents assuraient la scolarité dans une prestigieuse école de la ville grâce aux petits revenus de leurs travaux champêtres.

À l'école, Djikap s'était rapidement noué d'amitié avec des camarades issus des familles très nanties financièrement. Djikap avait la possibilité, comme les autres jeunes issus des familles pauvres, de travailler le weekend dans les chantiers pour s'assurer l'argent de poche de la semaine. Il s'était habitué malheureusement, pendant les weekends, à accompagner ses camarades bourgeois dans les lieux de réjouissance où ils se saoulaient et festoyaient.

Ce fils de la campagne fut rapidement séduit par cette vie de luxe. La soif d'argent pour la mener s'est rapidement fait sentir.

Devenu aussi fan des réseaux sociaux, il découvrit la page d'un gourou qui lui proposa de lui faire de l'argent facile par le moyen d'un « portemonnaie magique ». Le principe était relativement simple : il lui suffirait de tapoter ce portemonnaie en prononçant des formules magiques pour que celui-ci se remplisse d'argent.

Il fallait cependant que Djikap remplisse quelques conditions préliminaires. Il devait envoyer de l'argent à ce gourou pour la commande de son portemonnaie.

Pour obtenir la forte somme d'argent exigée par le gourou, Djikap dû mentir à sa famille qui organisa une grande collecte en sa faveur. Quand le gourou reçut cet argent, il en demanda encore au jeune Djikap pour « préparer son portemonnaie dans le monde des génies ».

Ne pouvant plus demander de secours financier aux membres de sa famille, il dû mentir à des amis en ville pour obtenir leur générosité. Il dû aussi s'endetter pour atteindre la somme exigée par le gourou.

Une fois en possession de cet argent et quelques jours passés, le gourou a expédié à Djikap un portemonnaie en cuir de vipère, tout en exigeant un autre montant d'argent bien plus élevé pour son « initiation mystique » à l'usage du portemonnaie magique : cette fois-ci, sous la menace de la mort de ses parents et sous peine aussi d'être frappé de folie dans le cas où il ne s'exécuterait pas.

Djikap, le jeune paysan s'en retourna au village natal : totalement traumatisé, devenu toxicomane pour surmonter à sa manière la menace de folie qui pesait sur lui et la menace de mort de ses parents qui alourdissait sa conscience.

Sa famille perdit la confiance en lui après avoir constaté son escroquerie. Il était aussi très endetté et ses amis, fils de riches, n'ont plus eu de considération à son égard.

2. Méditations sur les richesses

a) Le chrétien face aux biens matériels

Comme pour résoudre le problème posé par le jugement ambigu et complexe de la sagesse vétérotestamentaire sur les biens matériels, Jésus déclare : « Ce n'est pas de pain seul que vivra l'homme, mais de toute parole qui sort de la bouche de Dieu » (Mt 4,4). Cette réponse que le Christ adresse au tentateur montre son attitude d'indépendance et de détachement par rapport aux biens matériels et constitue un des principaux fondements de la doctrine chrétienne sur les richesses. Dans notre société, caractérisée par l'émergence du matérialisme qui se manifeste par la recherche effrénée et la thésaurisation des biens matériels dans lesquels bon nombre de nos contemporains recherchent la consolation et le bonheur, il est important de réfléchir sur la problématique des valeurs et des tentations des biens matériels en prenant comme paradigme, l'attitude du Christ dans l'épisode de ses tentations au désert. Nous montrerons d'une part l'attitude de Jésus par rapport aux biens matériels et d'autre part, la pensée de la foi chrétienne sur ceux-ci.

Dans la scène de sa tentation au désert et par toute sa vie terrestre, Jésus adopte un style de vie pauvre et nomade. Plaçant une confiance inconditionnée en son Père et dans la volonté de posséder une liberté majeure pour se dédier à sa mission. Il précise d'ailleurs que « le Fils de l'homme n'a même pas où reposer la tête » (Mt 8,20). Cette attitude de détachement et d'indépendance par rapport aux biens matériels est le même qu'il propose au jeune homme riche qui lui fait part de son désir de posséder en héritage la vie éternelle : « Si tu veux être parfait, va, vends ce que tu possèdes et donne-le aux pauvres, et tu auras un trésor dans les cieux; puis viens, suis moi. » (Mt 19, 21).

Ce n'est pas que le Christ soit contre les biens matériels qui d'ailleurs sont tout aussi des œuvres de la création du Père et qui de ce fait sont bons. La preuve est qu'il utilise lui-même les biens matériels et qu'il a quelques personnes nanties pour amis. Il met plutôt en garde contre l'usage malsain et égoïste que l'homme fait des richesses. En fait, la perversion du cœur de l'homme le pousse à une jouissance perverse des biens de la création, de sorte qu'il s'en trouve souvent complètement dépendant et prêt à toutes sortes d'infamies pour les posséder

("Tout cela, je te le donnerai, si, te prosternant, tu me rends hommage." Mt 4,9).

L'attitude du Christ face aux biens matériels interpelle les chrétiens à la prise de conscience du fait de l'ambiguïté des richesses. Le disciple du Christ doit se servir des biens matériels pour la gloire de Dieu et pour son propre salut et celui de ses frères. Il ne doit pas servir les biens matériels : « vous ne pouvez pas servir Dieu et Mammon ! » (Mt 6, 24). De l'attitude du Christ et de son enseignement, l'Eglise tire sa doctrine sur les biens matériels.

A propos de l'attitude à adopter par rapport aux biens matériels, l'Eglise rappelle d'abord le principe de la destination universelle des biens : « Au commencement, Dieu a confié la terre et ses ressources à la gérance commune de l'humanité pour qu'elle en prenne soin, la maîtrise par son travail et jouisse de ses fruits (cf. Gn 1,26-29). Les biens de la création sont destinés à tout le genre humain. » (CEC 2402) C'est tout d'abord reconnaître la bonté originelle des biens en tant que créatures de Dieu et destinés à la jouissance et au service de l'humanité. Ce principe de l'universalité des biens invite à la pratique de la charité. C'est donc un devoir pour celui qui possède un quelconque bien, de venir en aide à celui qui est dans le besoin.

Elle prône en deuxième lieu le respect des personnes et de leurs biens : « En matière économique, le respect de la dignité humaine exige la pratique de la vertu de tempérance, pour modérer l'attachement aux biens de ce monde; de la vertu de justice, pour préserver les droits du prochain et lui accorder ce qui lui est dû; et de la solidarité, suivant la règle d'or et selon la libéralité du Seigneur qui "de riche qu'il était s'est fait pauvre pour nous enrichir de sa pauvreté" 2Co 8,9. » (CEC 2407). Ainsi, l'homme devra faire attention de ne pas aliéner sa dignité à la recherche des biens matériels. Tout en respectant sa propre dignité, il devra aussi veiller à promouvoir celle du prochain en lui donnant son dû et en pratiquant la charité envers les nécessiteux. C'est à ce niveau qu'on peut situer l'option préférentielle du Christ et de l'Eglise pour les pauvres, c'est-à-dire, ceux qui éprouvent une quelconque difficulté matérielle, sanitaire, spirituelle et que nous pouvons aider avec les biens où les services que nous sommes capables de rendre : c'est l'attitude du Bon Samaritain que Jésus exalte.

Enfin, l'Eglise enseigne aussi le respect de l'intégrité de la création : « L'usage des ressources minérales, végétales et animales de l'univers, ne peut être détaché du respect des exigences morales. La domination accordée par le Créateur à l'homme sur les êtres inanimés et les autres vivants n'est pas absolue; elle est mesurée par le souci de la qualité de la vie du prochain, y compris des générations à venir; elle exige un respect religieux de l'intégrité de la création (cf. CA 37-38). » (CEC 2415). Dans la recherche et la jouissance des biens, chacun dans son cadre spatiotemporel devra se soucier d'autrui et des générations futures. Il s'agit de jouir des biens de la création avec charité. Le souci écologique est ici signalé. L'environnement doit être respecté et protégé pour le bien des contemporains et des générations futures.

On peut donc retenir que l'attitude de Jésus par rapport aux biens matériels dont une belle illustration se trouve dans la scène de ses tentations au désert, donne à l'Eglise un fondement solide sur lequel s'appuie son enseignement au sujet des biens matériels. L'Eglise rappelle à l'humanité : la destination universelle des biens, la recherche et la promotion de la dignité humaine dans toute activité économique et le respect de l'intégrité de la création. Tout ceci s'inspire de l'attitude du Christ, souverainement détaché des biens matériels, lui qui a su placer son entière dépendance en la providence du Père.

b) L'être et l'avoir

« L'être et l'avoir », ce n'est pas seulement le titre d'un livre que je vous invite à lire, mais surtout un sujet qui a toujours été d'actualité. Le problème ici posé est celui de la relation de l'homme avec le bien matériel. Peut-on identifier une personne à ce qu'elle possède ? Quelle attitude adopter par rapport aux biens matériels ? Quel doit être l'attitude du chrétien par rapport aux richesses ?

Notre société a actuellement tendance à identifier les personnes à ce qu'elles possèdent comme richesses matérielles. Quand on dit à propos de quelqu'un : « c'est un homme bien », c'est parce qu'il possède beaucoup de richesses. L'identification des personnes à leurs richesses est tellement poussée qu'il n'est pas rare d'entendre des gens vous dire, si vous êtes propriétaire d'un véhicule. Nous vous voyons garé à tel endroit et pourtant, c'est votre véhicule qui y est garé et pas vous. La société vous identifie à votre voiture, à votre résidence, à vos vêtements… oubliant que l'habit ne fait pas le moine.

Par ailleurs, les gens sont si souvent attachés à ce qu'ils possèdent à tel point qu'ils ne s'imaginent pas une vie sans leurs biens.

Il parait que certains malades sont souvent si attachés à leur argent qu'ils meurent par manque de médicament avec pourtant de grosses sommes d'argent dans leurs poches.

Jésus attire notre attention sur le danger des biens matériels que nous avons en notre possession. Et surtout, sur le danger de l'argent dont nous avons la gérance. Le gestionnaire doit toujours avoir à cœur de servir Dieu et la personne humaine au lieu de se rendre esclave ou serviteur de l'argent. En effet, l'argent est un bon serviteur dans la mesure où il permet de s'acheter des médicaments, de payer la scolarité, de payer les factures, d'acheter de la nourriture etc.

Mais l'argent, le nerf de la guerre, est un très mauvais maître. Quand l'argent est considéré comme maître, il devient l'auteur des guerres, des divisions, des meurtres, des querelles. Nous en avons pour preuves : l'esclavage, les guerres, les crimes rituels et toutes ces autres injustices sociales que la recherche effrénée de l'argent a créées et entretient dans les sociétés humaines.

Quelle attitude adopter alors par rapport aux biens matériels ?

Amos répond à cette question en interpellant vivement ceux qui placent l'argent à l'horizon de toutes leurs entreprises et qui se disent : « nous allons diminuer les mesures, augmenter les prix, et fausser les balances. Nous pourrons acheter le malheureux pour un peu d'argent, le pauvre pour une paire de sandales. Nous vendrons jusqu'aux déchets du froment ! » (Am 8, 4-7).

À ces personnes avides du gain et de profit, Amos rappelle l'option préférentielle de Dieu pour le pauvre.

En effet, dans sa prière à Dieu, le roi Salomon n'avait pas demandé la richesse ; mais bien l'intelligence et la sagesse. L'auteur du livre de la sagesse précise qu'il a aimé la sagesse plus que la santé et que la beauté ; qu'il l'a choisi de préférence à la lumière. Il continue en ces termes : « tous les biens me sont venus avec elle, et par ses mains une richesse incalculable ». (Sg 7, 11). Il est urgent de préférer la sagesse et l'intelligence à toutes les richesses. En effet, les richesses sont bonnes, mais à condition qu'elles soient mises au service de l'homme qui en usera avec intelligence et sagesse. C'est un véritable danger que les richesses prennent le commandement dans la vie des personnes et des sociétés humaines.

Malheureusement, il est prouvé aujourd'hui que les richesses soient causes de guerres et d'aliénation des hommes dans notre monde.

Le chrétien doit rechercher l'esprit de pauvreté. Devant la Parole de Dieu, le chrétien doit avoir le courage de vivre un véritable dépouillement. En effet : « tout est nu devant elle, dominé par son regard, nous aurons à lui rendre compte » (He 4, 13). Prions pour tous ceux qui ont la charge de la gestion des biens et des personnes, afin que l'amour de Dieu et du prochain guide et oriente leurs actions.

Pardon Seigneur, pour toutes les fois où l'amour des richesses nous a aliénés et nous a détourné de ton chemin. Bénis le travail de nos mains et donne-nous de vivre la charité avec les fruits de nos travaux pour mériter de jouir des biens éternels dans ton royaume céleste. Amen.

Chapitre 2

Les amours démesurées : le phénomène du charme

Les milieux jeunes se transforment progressivement en de véritables Sodome et Gomor où l'érotisme dicte sa loi à la raison. Le phénomène du charme s'est progressivement installé et gagne du terrain dans l'ambition de pousser les plus téméraires à se convertir à la religion d'Eros. Voici en guise d'illustration l'histoire de Mehap la charmeuse qui sera suivie d'une méditation sur l'amour et le mariage.

1- Mehap et le charme

Dans la ville de Koungne, vivait une jolie adolescente du nom de Mehap. Elle était d'une beauté artificielle indescriptible qui séduisait la quasi-totalité des hommes.

Au Lycee où elle fréquentait, Mehap se faisait appeler « la miss ». Elle se parait toujours de faux ongles, de faux cils, de greffes brésiliennes, de bijoux et mettait des parfums de séduction. Elle n'oubliait jamais de se maquiller de rouge à lèvres sous forme de phares et de clignotants, avant de prendre le chemin de l'école.

Il faut dire que les conducteurs de moto taxi lui rendaient gratuitement leurs services avec pour seule consolation, le plaisir de la proximité de quelques minutes avec elle.

Le regard révolver de Mehap faisait des ravages sur son passage et les femmes du village n'avaient que leurs yeux pour pleurer les multiples forfaits de leurs maris.

Un professeur de mathématique fut affecté dans le lycée où fréquentait Mehap et fut nommé titulaire de sa salle de classe. Ce professeur était non seulement jeune et beau, mais aussi, intelligent et très éloquent. Il était célibataire et propriétaire d'une belle petite voiture dans laquelle son élégance était à nul autre pareille. En un mot, une cible de rêve pour Mehap.

Notre séductrice n'a pas tardé à déployer son charme. Augmentant la dose de son parfum, balançant ses jambes pendant les cours de mathématiques, défaisant les boutons de sa tenue au niveau de sa poitrine. Ses astuces demeurèrent insignifiantes aux yeux de son professeur.

Elle passa à l'approche directe. Retrouva le profil de son professeur sur les réseaux sociaux, lui fit des demandes d'amitié ; mais le jeune professeur demeura de marbre.

Mehap espionna le forum de sa classe, retrouva le numéro de téléphone de son professeur et lui fit des déclarations d'amour que celui-ci ignora.

Elle voulut y mener du mysticisme. Elle était déterminée à avoir son professeur dans son lit. Elle alla rencontrer la sorcière du village qui lui prépara un charme pour son professeur. Le charme pousserait le professeur à être amoureux d'elle si celui-ci le consommait dans le repas où il serait mis. Dans le cas contraire, Mehab serait folle.

La passion de Mehab la poussa à accepter ces conditions. En effet, c'était bientôt la fête des classes et elle voulait profiter de cette occasion pour servir sa potion au professeur.

Elle s'inscrivit dans la commission de la restauration et prépara un plat spécial pour lui. Malheureusement, le jour de la fête, une forte pluie s'abattit sur la ville et fit beaucoup de boue. Mehap glissa sur le chemin et le contenu de son assiette se versa totalement. N'ayant pas pu remplir sa condition, Mehap, la charmeuse infortuné, devint folle.

2- Méditation sur l'amour et le mariage

Qu'est-ce que le mariage ? Les réponses à cette question pourraient varier selon les sociétés, les époques, les cultures et les religions. Si plusieurs peuples africains conçoivent le mariage comme alliance entre un homme et une ou plusieurs femmes (polygynie), si des peuples asiatiques le conçoivent comme alliance entre une femme et un ou plusieurs hommes (polyandrie), si le monde contemporain, sous l'influence des courants sataniques le défini aussi comme alliance entre des personnes du même sexe (« mariages homosexuels ») et veut même le définir comme union entre des humains et des animaux (« mariages zoophiles), le Catéchisme de l'Eglise Catholique, fidèle à la volonté divine merveilleusement révélée dans les Saintes Ecritures, la Tradition et le Magistère, définie le mariage comme étant "L'alliance matrimoniale, par laquelle un homme et une femme constituent entre eux une communauté de toute la vie, ordonnée par son caractère naturel au bien des conjoints ainsi qu'à la génération et à l'éducation des enfants » (CEC 1601 ; CIC 1015). Cette alliance a été élevée à la dignité de sacrement par le Christ.

- Le mariage dans l'ordre de la création

Le mariage n'est pas une institution purement humaine, ce sacrement est d'origine divine. En effet, dans le récit de la création, nous percevons les fondements divins du mariage : « Que l'homme et la femme soient créés l'un pour l'autre, l'Écriture Sainte l'affirme: "Il n'est pas bon que l'homme soit seul" (Gn 2,18). La femme, "chair de sa chair" (cf. Gn 2,23), son égale, toute proche de lui, lui est donnée par Dieu comme un "secours" (cf. Gn 2,18), représentant ainsi le "Dieu en qui est notre secours" (cf. Ps 121,2). "C'est pour cela que l'homme quittera son père et sa mère et s'attachera à sa femme, et les deux deviennent une seule chair" (Gn 2,24). Que cela signifie une unité indéfectible de leur deux vies, le Seigneur lui-même le montre en rappelant quel a été, "à l'origine", le dessein du Créateur (cf. Mt 19,4): "Ainsi, ils ne sont plus deux, mais une seule chair" (Mt 19,6). » (CEC 1605). En choisissant de naître dans le couple que formaient Marie et Joseph, en participant aux noces de Cana (Jn 2,

1-11) et à travers tous les enseignements qu'il donna sur le mariage (cf. Mt 19,4), le Christ Jésus a consacré l'alliance matrimoniale et l'a élevé à la dignité de sacrement.

- Les conséquences du péché originel

« Le premier péché a comme première conséquence la rupture de la communion originelle de l'homme et de la femme. Leurs relations sont distordues par des griefs réciproques (cf. Gn 3,12); leur attrait mutuel, don propre du créateur (cf. Gn 2,22), se change en rapports de domination et de convoitise (cf. Gn 3,16); la belle vocation de l'homme et de la femme d'être féconds, de se multiplier et de soumettre la terre (cf. Gn 1,28) est grevée des peines de l'enfantement et du gagne-pain (cf. Gn 3,16-19). » (CEC 1607).

Ainsi, en créant la distance entre l'Homme et Dieu, le péché sème par conséquent le trouble dans les rapports entre Adam et Eve. C'est également le péché qui est à l'origine aujourd'hui des nombreux désordres qui perturbent l'harmonie de la vie matrimoniale : l'esprit de domination, l'infidélité, la jalousie et les conflits qui peuvent aller jusqu'à la haine et la rupture.

- Le mariage sous la pédagogie de la loi

« La conscience morale concernant l'unité et l'indissolubilité du mariage s'est développée sous la pédagogie de la Loi ancienne. La polygamie des patriarches et des rois n'est pas encore explicitement critiquée. Cependant, la Loi donnée à Moïse vise à protéger la femme contre l'arbitraire d'une domination par l'homme, même si elle porte aussi, selon la parole du Seigneur, les traces de "la dureté du cœur" de l'homme en raison de laquelle Moïse a permis la répudiation de la femme (cf. Mt 19,8 Dt 24,1). » (CEC 1610) L'une des conséquences du péché est d'avoir forgé en l'homme un instinct de domination sur la femme. Dans la culture juive préchrétienne, la femme apparait clairement comme étant inférieure à l'homme, ce qui favorise des comportements tels la polygamie et les divorces. C'est en raison de l'endurcissement du cœur de l'homme que Moïse a donné une loi imparfait qui autorisait à un homme de répudier sa femme à condition de lui délivrer un acte de répudiation.

- Le mariage dans le Christ

« Dans sa prédication, Jésus a enseigné sans équivoque le sens originel de l'union de l'homme et de la femme, telle que le Créateur l'a voulue au commencement: la permission, donnée par Moïse, de répudier sa femme, était une concession à la dureté du cœur (cf. Mt 19,8); l'union matrimoniale de l'homme et de la femme est indissoluble: Dieu lui-même l'a conclue: "Que l'homme ne sépare donc pas ce que Dieu a uni" (Mt 19,6). » (CEC 1614)

Chapitre III

Les forfaits de la jalousie : le phénomène des empoisonnements

L'actualité de la nécrologie au Cameroun révèle que les jeunes se règlent de plus en plus les comptes par le moyen des empoisonnements. Pour un rien, on tue. Dans un poème inédit, le jeune Kouam Meulak décrit la situation.

Les poisons

Je suis de retour au pays
Avec des amis je ne peux pas partager une boisson
À ce qu'il parait, ils préparent pour moi un poison,
Parce que pour eux, j'ai réussi ma vie.

Au service, j'ai une promotion,
Je ne peux pas profiter de l'occasion
Pour exprimer mon émotion
Car ils ont tous des poisons.

En milieu estudiantin et professionnel,
Nait un nouveau genre de criminels ;
Qui ne recherchent pas du butin matériel

Mais veulent la mort de ceux qui ont des succès éventuels !

Au Cameroun chez moi,
Tu réussis on te tue !
Au succès on n'a plus droit,
Tu veux réussir, qui es-tu ?

Par un simple verre ou un plat,
L'ami que tu embrasses à raison de toi.
Par simple jalousie, il t'abat,
Pour cette raison, il ne veut plus de toi.

(Kouam Meulak)

Voici en guise d'illustration l'histoire de Kagie, l'infortunée victime d'empoisonnement, qui sera suivie d'une méditation sur la valeur de la vie humaine.

1. **Kagie et le poison**

Kagie était un jeune garçon, beau, intelligent et très jovial. Il semait la bonne humeur partout où il se trouvait. Il était très sociable et très serviable. Ce qui l'amenait à avoir beaucoup d'amis. Après son Baccalauréat, ses parents qui l'aimaient beaucoup l'inscrivirent dans l'une des plus grandes universités du pays.

Kagie garda sa sociabilité et sa bonne humeur qu'il sema rapidement dans sa cité, dans son quartier, et même à l'université. Les gens aimaient bien sa compagnie. Il était un semeur de bonne humeur.

Kagie était plein de talents, ce qui lui valut le petit nom de « Charismatique » que lui donnèrent les jeunes filles de l'université. Elles lui faisaient aussi de petits cadeaux qui commencèrent à susciter de la jalousie dans les cœurs de certains de ses camarades.

Du nombre de ceux qui étaient particulièrement aigris, il y avait un certain « Djoueme » qui s'était fait un nom sur le campus à cause de son goût pour la sape. Mais surtout, parce qu'il était l'organisateur réputé des fêtes entre étudiants.

La sympathie des filles du campus pour Kagie était de plus en plus grandissante et progressivement, la jalousie de Djoueme se transforma en haine. Djoueme devint si jaloux, antipathique et haineux, qu'il décida d'en découdre avec Kagie.

Il organisa une fête à laquelle il invita tous ses camarades. Kagie était du nombre des invités et les convives étaient heureux du fait que le semeur de bonne humeur fut de la partie.

Djoueme avait préparé un verre empoisonné qu'il servit à Kagie, qui, ne se doutant de rien, le vida à la propette.

À peine une trentaine de minutes après, Kagie commença à ressentir des douleurs abdominales très aigues. Il trouva la mort dans les bras de ses camarades sur le chemin de l'hôpital. L'autopsie révéla un empoisonnement.

Djoueme s'était imaginé qu'en éliminant Kagie, il aurait une grande paix. Ce n'était en fait qu'illusion ! Ce fut plutôt pour lui, le début d'un véritable calvaire.

Ses amis le soupçonnèrent et se détournèrent de lui. Il quitta l'université pour s'éloigner de ces regards qui le condamnaient. Au fond de lui malheureusement, sa conscience, ce juge impitoyable, le jugeait et le tourmentait sans relâche. Il culpabilisa de sorte qu'il voulut tout avouer. Manquant d'humilité pour se libérer, il se mit à la drogue, à l'alcool et au tabac. Il devint toxicomane.

2. Méditation sur la valeur de la vie humaine

La cinquième parole du décalogue, *« Tu ne tueras pas »* (Ex 20, 13), est l'instance éthique fondamentale qui régit l'action du chrétien par rapport à la vie ; c'est le commandement que le Seigneur Dieu donne au peuple élu pour diriger son agir par rapport à la vie humaine. Il s'agit d'un impératif catégorique. Aucune raison ne doit justifier l'homicide volontaire. Le Christ va plus loin dans son interprétation : *« Vous avez entendu qu'il a été dit aux ancêtres: Tu ne tueras point; et si quelqu'un tue, il en répondra au tribunal. Eh bien! Moi je vous dis: Quiconque se fâche contre son frère en répondra au tribunal; mais s'il dit à son frère: Crétin! Il en répondra au Sanhédrin. »* (Mt 5, 21-22).

Ainsi, contre des interprétations de la loi qui soient permissives à l'homicide volontaire, le Christ oppose une interprétation qui valorise davantage la vie du prochain. Il condamne les pensées et les paroles qui peuvent déboucher sur l'homicide. Saint Augustin dira : *« avant de tuer le corps, je suis déjà coupable dans mon âme ». (AUGUSTIN, Réfutation de la doctrine de Gaudentius, n°647)* Il importe alors de purifier l'intention pour éviter de poser l'acte d'homicide car *« tuer l'être humain, dans lequel l'image de Dieu est présente, est un péché d'une particulière gravité ».* (JEAN-PAUL II, Lettre encyclique Evangelium Vitae, Rome, 6 mars 1995, n°55.)

Il ne s'agit cependant pas de respecter la vie humaine seulement dans la personne des autres, tout en la banalisant dans sa propre personne. Le *« tu ne tueras pas »* a également un sens réflexif. L'être humain n'a pas le droit de se donner la mort. Saint Augustin argumente bien cette thèse pour réfuter la doctrine de Gaudentius qui prônait le suicide comme une forme de mort noble pour l'innocent. Contre cette doctrine, Augustin affirmait :

> *« Celui qui se tue n'est jamais innocent, puisque la volonté seule de se suicider a suffi pour le rendre criminel. C'est ce qui aurait lieu pour vous, si, avant d'avoir prémédité votre mort, vous eussiez été innocent; mais il n'en était point ainsi, car votre hérésie est d'abord pour vous un crime; votre suicide ne sera donc pas pour vous le principe de votre iniquité, il ne fera qu'y mettre le dernier sceau. »*

Le respect de la vie humaine dans sa propre personne comme dans celle d'autrui est un devoir moral pour tout homme. En effet, *« la vie humaine est sacrée. Dès son origine, elle comporte l'action créatrice de Dieu et demeure pour toujours dans une relation spéciale avec le Créateur, son unique fin. Il n'est permis à personne de détruire directement un être humain innocent, car cela est gravement contraire à la dignité de la personne et à la sainteté du Créateur...* » (BENOIT XVI, *Compendium du Catéchisme de l'Eglise Catholique*, Rome, 28 juin 2005, n°466.)

Le devoir moral du respect de la vie humaine invite nécessairement à l'accueillir comme un don précieux de Dieu, à la protéger, à la promouvoir et à l'entretenir.

Conclusion

Il est urgent vu tout ce qui précède, de rappelle et de promouvoir pour tous, l'objection de conscience : on n'est pas obligé de faire le mal que tout le monde ferait. Il est urgent, face à ces courses folles, que notre jeunesse se ressaisisse et trouve dans le Christ son modèle. Le conseil de père et d'éducateur que je donne est formulé dans un poème déjà publié dans une précédente publication intitulée ***folies d'amour ?*** Nous le reprenons ici :

Contrôle ta vie !

Mon très cher ami,
Contrôle ta vie !
Recherche l'éthique
Comme les saints mystiques.

N'étreins pas le faux !
Ne sois pas si sot !
Fuis qui est pervers !
Écoute ces vers !

L'homme est plus que chair,
Il est bien plus cher ;
Il a son esprit,

Guide de sa vie.

Ne sois pas pervers !
Domine ta chaire !
Vaincs la, soumet la !
Modèle-la, aime-la !

Sois juste, sois droit !
Respecte la Loi !
Tu te feras roi,
Tu seras en joie.

(S.B. Meulak Komguem, Folies d'Amour ? Tigbooks, 2020, p. 33)

Table des Matières

www.ingramcontent.com/pod-product-compliance
Ingram Content Group UK Ltd.
Pitfield, Milton Keynes, MK11 3LW, UK
UKHW022007190726
13853UKWH00004B/1797